Cr
et la t

MW01268634

Bertrand Fichou est né en 1962 à Caen. Après des études de lettres et de journalisme, il est entré dans le monde de la presse. Aujourd'hui, il travaille comme rédacteur en chef au magazine *Youpi*. Il garde du temps pour écrire de nombreuses histoires, publiées dans les magazines de Bayard Jeunesse.

Du même auteur dans Bayard Poche :

Victor veut un animal - Une journée avec papa - Le jeu qui fait peur - Des croquettes trop vitaminées... (Mes premiers J'aime lire)

Les vacances de Crapounette - Crapounette à l'école - Crapounette et le Bébéberk (J'aime lire)

Anne Wilsdorf est illustratrice pour la jeunesse. Elle vit actuellement en Suisse, mais travaille très régulièrement avec des éditeurs français. Ses ouvrages sont publiés aux éditions Bayard Jeunesse et Kaléidoscope.

De la même illustratrice dans Bayard Poche :

Ouste, les loups ! - Grabotte la sotte - Les poux du sorcier - La princesse au sommeil léger (Mes premiers J'aime lire)

Marie-toi, marie-toi ! - Les vacances de Crapounette - Crapounette à l'école - Crapounette et le Bébéberk (J'aime lire)

Crapounette
et la tribu inconnue

Une histoire écrite par Bertrand Fichou
illustrée par Anne Wilsdorf

BAYARD POCHE

1
Sale temps pour les Craspouh

Brrr ! J'ai froid aux mains ! J'ai froid aux pieds ! J'ai froid aux cheveux ! Moi, la terrible Crapounette, je titube et tremblote comme une biche apeurée. Toute ma famille traîne des pieds et claque des dents. Ô clan des Craspouh, je t'ai connu plus glorieux…

Tout a commencé le jour où Cradok, mon père, est rentré bredouille de la chasse.

– Le gibier a fui notre vallée, a-t-il dit. Il faut partir en quête d'un nouveau territoire, sinon nous mourrons de faim.

Mon papa, il adore parler comme un chef. D'ailleurs, c'est pour ça qu'il est le chef des Craspouh. Nous avons ramassé nos affaires, nous sommes passés chercher nos cousins de la tribu Delarivière, et nous sommes partis tous ensemble, à pied.

Voilà pourquoi, depuis des jours, nous marchons. Et il fait de plus en plus froid. L'air gelé se glisse sous nos peaux de bêtes.

Entre deux frissons, mon cousin Aimé-les-ongles-propres n'arrête pas de gémir :

– J'ai faim, j'ai mal aux pieds…

Au début, j'ai hésité à lui donner des coups de massue, pour qu'il se taise. Mais le voyage est si monotone que, finalement, ça m'occupe de l'écouter. Aimé continue :

– Ce serait bien si on dressait le camp par ici, je pourrais… Oh !

Tous les Craspouh et les Delarivière s'arrêtent net au détour d'un rocher : le chemin est barré par un groupe d'inconnus. Je crois bien que ce sont des Homo sapiens*. Ils sont nombreux comme les doigts des deux mains. Des mâles, des femelles et trois jeunes.

Ils reviennent de la chasse, ils portent de gros morceaux de viande fraîche. Hum ! J'aimerais tellement mordre dedans ! Mais, pour l'instant, je n'entends plus que mes dents qui s'entre-choquent dans le vent glacé…

* Homo sapiens : hommes préhistoriques de l'époque de Crapounette.

2
Le premier qui rira...

Pour un Craspouh, il n'existe que deux sortes d'Homo sapiens : les amis et les ennemis. Alors, ces inconnus : amis ou ennemis ?

Nous sommes plus nombreux qu'eux, mais ils sont sûrement plus forts que nous. Leurs mâchoires paraissent capables de casser un bras en deux, et leurs yeux me font peur...

Le problème, c'est qu'ils sont sur notre chemin, et que nous sommes sur leur chemin. Soit nous nous écartons pour les laisser passer, soit ce sont eux qui s'écartent pour nous laisser passer.

Ou alors, on fonce ? Ce serait peut-être la meilleure solution : nous pourrions nous emparer de leur viande. Et mon ventre gargouille à l'idée de déguster un gigot de grands-bois*. Cela dit, à force de manger de l'herbe, nous ne sommes pas au mieux de notre forme pour engager le combat…

Aimé se fait tout petit dans mon dos. Toujours aussi courageux, le cousin !

* Un gigot de cerf.

Cradok, mon papa, se décide à faire deux pas
en avant. Pour voir… Il gonfle tous ses muscles,
il montre bien sa massue. Mais le chef des inconnus, lui, avance de trois pas, en dressant sa
grosse tête et en balançant sa lourde hache de
pierre au bout de ses bras velus…

Mon père et le chef des inconnus sont maintenant face à face, si près l'un de l'autre que leurs nez se touchent. Ils se regardent droit dans les yeux. Je ne sais pas comment ils font pour rester dans cette position sans avoir le fou rire. Le temps passe, et rien ne se passe. Nous sommes tous comme des animaux peints sur la paroi d'une grotte. Immobiles, silencieux.

En face de moi, je remarque alors un bébé loup, blotti dans les bras d'un garçon de mon âge. Ce garçon ressemble beaucoup au chef, ce doit être son fils. Le petit animal s'agite en regardant dans ma direction. D'un bond, il échappe à son maître et il trotte vers moi.

C'est mon collier en os de rat qui l'attire ! Il me saute dans les bras, j'en perds l'équilibre et je tombe sur les fesses. Il en profite pour me léchouiller le cou et les oreilles en poussant des petits cris de bébé loup.

Je suis très gênée, tout le monde me regarde. C'est alors que l'incroyable se produit : un même grand rire éclate des deux côtés ! Je me relève et fais un pas en avant.

Aimé le trouillard agrippe ma peau de gazelle :

– Non, Crapounette ! Tu es folle ! N'y va pas !

3
L'invitation

Je m'approche du garçon d'en face et je lui rends son animal. Il me regarde en coin, et il me dit avec une drôle de voix :

– Grom'ci.

J'imagine que ça veut dire merci. Toutes les massues et les haches s'abaissent. Bébé loup vient de nous éviter quelques bosses…

Le chef des inconnus tend un morceau de viande à mon papa Cradok. Ça ressemble à un signe de paix. Cradok fronce les sourcils et se tortille comme une fiancée timide. Il finit par offrir sa massue au chef des inconnus, en grommelant. Je sais pourquoi il grommelle : c'est sa massue neuve.

Mais nous, nous poussons tous de grands cris de joie en levant les bras au ciel. Nous sommes tellement soulagés !

Ça m'aurait embêtée de taper sur le nez du garçon d'en face. Il a l'air gentil. Et puis il a un nez plutôt… joli.

Le chef velu déclare :

– Vrou vrenir acan denou.

Cradok se tourne vers nous :

– Je ne comprends rien à ses gargouillis, mais je crois que nous sommes invités. Suivons ces sauvages, restons sur nos gardes, et surveillons nos manières. Montrons-leur que nous sommes des Homo sapiens bien élevés !

– Ouais ! crie notre tribu d'une seule voix.

Aimé me dit :

– Je n'aime pas ça ! Ces lourdauds ont visible-ment un caillou à la place du cerveau, mais ils sont sûrement assez intelligents pour nous tendre un piège… Ils veulent peut-être nous manger ?

Aimé se fait toujours du souci pour rien… Moi, je sais que celui qui voudrait le manger n'aurait que des os à sucer.

Nous partons tous ensemble vers les collines qui se dressent à l'horizon. En chemin, je me rapproche du garçon au loup :

– Je m'appelle Crapounette, et toi ?

Il me regarde d'un air hautain :

– Krapounek ? Moha Néander…

Je le fais répéter :

– Comment ? Moa Nez-en-l'air ?

Il soupire. J'ai l'impression que je l'énerve.
Mais pour qui il se prend, le fils du gros velu ? Il
articule lentement :

– Néander. Né-an-der. Toha Krapounek, moha
Néander.

Je crois que j'ai compris. Il s'appelle Néander.
Tu parles d'un nom !

Le soir tombe lorsque nous arrivons au campement. Je rigole en entendant les Craspouh et les Delarivière qui font les malins :

– Vous avez vu ? Leurs huttes sont minuscules ! Les nôtres sont bien plus grandes...

– Et vous entendez comment ils parlent ? On ne comprend rien... À quoi ça sert de parler, alors ?

– Ha ! Ha ! Avec leurs manteaux à grands poils, on dirait des ours des cavernes...

Le froid se fait plus mordant. Comme tous les Craspouh et les Delarivière, je tremble à nouveau sous ma fine peau de gazelle. Ce genre de vêtement est très élégant dans notre vallée ensoleillée, mais ici je préférerais avoir chaud.

C'est alors que les femmes de la tribu de
Néander s'approchent et nous distribuent de
bonnes grosses peaux épaisses. Néander me
donne une large fourrure : c'est au moins du
mammouth ! Vite, je m'enroule dedans…

Hum ! Quel confort ! Là, je l'avoue, ils sont
trop sympas. Je dis :

– Grom'ci, Néander !

Il me salue de la tête. Puis je rejoins mes
parents.

Cradok et Pestilence sont déjà installés autour du feu avec quelques sauvages. C'est vrai qu'elles sont petites, leurs huttes, mais, comme nous sommes serrés les uns contre les autres, nous nous tenons bien chaud. Nos nouveaux amis ne sont peut-être pas aussi bêtes que nous le pensions…

4
Départ pour la chasse

Le lendemain matin, quand je sors la tête de ma hutte, j'ai l'impression de rêver : je ne sais pas ce qui s'est passé pendant la nuit, mais le paysage est tout blanc ! Je n'ai jamais vu ça ! Je pose un pied dehors : oups ! C'est froid ! Et, en plus, ça glisse : je pars en arrière et je dévale la pente sur le dos. Mais qu'est-ce qui m'arrive ?

J'entends un rire au-dessus de moi :

– Ha ! Ha ! Krapounek boum whizzzz !

C'est Néander. Pour me rejoindre, il se lance dans la pente en glissant sur un morceau d'écorce.

– Hi ! Hi ! Krapounek pabobo ?

Je marmonne :

– Néander, attention à toi ! Si tu te moques, j'attrape ma massue et je fais de la purée avec tes doigts de pieds !

Mes copains Craspouh et Delarivière se regroupent derrière moi, le regard méfiant. Néander et les autres enfants de sa tribu approchent lentement, tous armés de grands bouts d'écorce. Nous, on serre les poings. On ne va pas se laisser faire...

Mais Néander et tous ses copains nous tendent des plaques d'écorce. Seul Aimé refuse d'en prendre une :

– N'y touchez pas ! Ces sauvages veulent qu'on dégringole et qu'on se tue !

Néander et ses copains nous font signe de les suivre.

En essayant de les imiter, chacun sur une écorce, nous dévalons la pente comme nous pouvons, assis, accroupis ou sur le ventre. C'est très rigolo. Après plusieurs descentes, je vais plus vite qu'un zèbre au galop ! Mais j'ai encore du mal à me diriger. C'est comme ça que je plonge dans un grand trou que je n'ai vu qu'au dernier moment. Je me relève, couverte de neige. Néander est plié de rire…

Soudain, j'aperçois tous les chasseurs qui s'apprêtent à quitter le campement. Derrière mon papa, les Craspouh agitent fièrement leurs armes. De temps en temps, ils jettent un regard hautain sur les lourdauds à longs poils qui suivent le papa de Néander.

Cradok annonce :

– Bon, les enfants, nous voilà partis à la chasse. Mais restez bien sur vos gardes, ils sont vraiment bizarres, ces Homo sapiens.

Je fais des bonds sur place :
– Papa, papa ! Je peux venir avec vous ?
Néander fait comme moi :
– Pépou, Pépou, povo vrenir met iou ?

Nos deux papas font « non » avec la tête. C'est curieux, « non », ça se dit pareil dans nos deux langues… Et nous regardons les chasseurs descendre le sentier.

Néander et moi, nous nous jetons un petit coup d'œil : pas besoin de nous en dire plus. Nous saisissons nos écorces à glissade.

Aimé essaie de me rattraper :

– Crapounette, il ne faut pas désobéir ! Et puis c'est dangereux, ce sauvage pourrait te tendre un...

Pfuit ! Cause toujours, mon cousin, je ne t'entends déjà plus.

Avec Néander, nous nous lançons dans la pente et nous faisons de grands zigzags entre les rochers. Arrivés en bas, nous nous cachons pour attendre les chasseurs. Je sens la vie qui bat fort dans ma poitrine. J'adore !

5
Un adversaire de taille

Voilà les chasseurs. Ils passent sans nous voir. Je sais que Cradok peut entendre une coccinelle trébucher sur un brin d'herbe, alors, avec des gestes, j'explique à Néander que nous allons les suivre à bonne distance…

Le soleil est déjà haut dans le ciel quand les chasseurs finissent par trouver une proie : un rhinocéros laineux. Glups ! Je n'en ai jamais vu d'aussi gros ! Je m'installe avec Néander derrière un buisson pour ne rien rater du spectacle.

D'habitude, pour chasser, on encercle l'animal, on approche sans bruit et on le prend par surprise. Mais… que se passe-t-il ? Les hommes se lancent tous à l'attaque en même temps, en poussant des cris de bêtes. Qu'est-ce qui leur prend ? Ils sont fous ! Néander se frappe la tempe avec le doigt :

– Maboul ! Maboul !

C'est chouette, je commence à comprendre quand Néander me parle.

Je connais mon papa, et celui de Néander doit être pareil. Chacun a voulu être le premier à attaquer le rhino… Évidemment, maintenant, c'est le rhino qui leur court après, et les chasseurs sont en train de s'enfuir aux quatre coins de la vallée ! J'espère que mon papa ne va pas revenir tout écrabouillé, je l'aime bien comme il est…

Quelques galopades plus tard, ces gros malins se regroupent derrière les rochers pour reprendre leur souffle. Le rhino est reparti gratter la neige un peu plus loin pour trouver de l'herbe.

Nous rejoignons les chasseurs, qui font de beaux nuages blancs avec leur bouche à cause du froid. Quand Cradok m'aperçoit, il essaye de crier :

– Crapounette !... Mais qu'est-ce que... tu fais... ici ?!

Et le papa de Néander n'a pas l'air content non plus :

– Néander !... Bé ketefeu... aki ?!

Heureusement, ils n'ont plus beaucoup de forces pour nous grogner dessus. Néander en profite pour lancer une idée :

– Fé grotrou, fé vrenir grorino, pi taptap !

Mon papa demande :

– Qu'est-ce qu'il dit ?

Moi, j'ai compris : Néander a repensé à moi, ce matin, quand je suis tombée dans le trou.

Je crie :

– C'est une super idée ! Il dit de creuser un grand trou, d'attirer le rhino dedans, et après on pourra l'assommer !

Cradok s'accroupit et gratte la terre avec son ongle. Il dit :

– Le sol est gelé. C'est trop dur, impossible de creuser. Et nous ne trouverons pas d'autre gibier aujourd'hui. Allez, on rentre au camp…

Cradok le Sage m'énerve quand il ne voit pas plus loin que le bout de son gros nez ! Je m'exclame :

– Mais nous avons dans nos bagages un sac rempli de silex solides et bien coupants. Je suis sûre que nous pourrons creuser avec ! Attendez-nous, on revient !

Je pars en courant, Néander me suit.

6
Au travail !

Lorsque nous revenons du camp, les chasseurs des deux clans sont toujours là, silencieux, à se regarder comme de grands singes timides. Ils n'osent pas se parler. Néander et moi, nous déposons le sac rempli de silex que nous avons rapporté. Au travail !

Tous ensemble, nous commençons à creuser le sol : même gelé, il ne résiste pas à nos pierres pointues. Et, au bout d'un moment, nous avons ouvert un trou assez profond pour avoir du mal à en sortir.

Néander et moi, nous avons un plan. Néander l'explique aux chasseurs de sa tribu pendant que je parle à ceux de chez moi.

– Vous, les chasseurs, cachez-vous dans les
rochers. Avec Néander, on va aller chercher le
rhino. Nous sommes plus rapides que vous à la
course, il ne nous rattrapera pas. Nous le guide-
rons droit vers le trou. Quand il sera tombé
dedans, vous n'aurez plus qu'à l'assommer.
Facile, non ?

Tous les chasseurs hochent la tête pour dire
« oui ». Tiens, ça aussi, ça se dit pareil dans nos
deux langues…

Pendant que les hommes se cachent, Néander et moi partons en direction du rhino. Et soudain le monstre est devant nous, à quinze pas. Néander commence à faire de grands gestes et à pousser des cris. D'un coup, son idée ne me paraît plus si bonne…

Bah ! il n'est plus temps de discuter. Alors je crie, moi aussi :

– Gros rhino lourdaud ! Essaie donc de nous ratatiner si tu l'oses ! Tu as peur de nous, ou quoi ?

– Grorino piti tête ! O galo o galo aprè Krapounek é Néander !

Le rhinocéros relève sa corne. Ouch ! Vue de face, elle me paraît encore plus grande !

Et, sans prévenir, la montagne de viande se lance à notre poursuite. Je le croyais moins rapide, l'animal ! Nous courons de toutes nos forces, mais je sens bientôt son souffle chaud sur mon dos ! Courir à fond ! Surtout ne pas se retourner ! Le sol tremble sous nos pieds.

Néander est juste à côté de moi, les yeux écarquillés, la bouche grande ouverte, et je ne vois même plus ses jambes tellement elles bougent vite. Pour une fois, il ne rigole pas !

Voilà le trou, enfin ! Nous courons droit dessus et, au dernier moment, nous passons chacun d'un côté. Baoum ! Un choc énorme nous projette par terre : le rhino est tombé dans le piège.

J'entends les chasseurs qui sortent de leurs cachettes et l'assomment rapidement. Ouf ! Le temps que nous nous relevions, c'est fini.

– Hourra ! hurlent les Craspouh et les Delarivière.

– Arrouh ! hurlent Néander et les chasseurs de sa tribu.

Le papa de Néander m'attrape à bout de bras et il me secoue de toutes ses forces en poussant des hurlements d'hyène. Ça fait toujours plaisir, les compliments.

Lorsque nous revenons au campement, Néander et moi sommes portés en triomphe. Tout le monde se tape dans le dos, c'est la fête !

Dans un coin, j'aperçois Aimé, rouge comme une tranche de rôti cru. Il parle avec une fille de la tribu de Néander. Plus exactement, il fait de grands gestes avec les mains. J'imagine qu'il doit lui raconter comment sont beaux les arbres de notre vallée. Sacré Aimé…

Néander, lui, me regarde avec son plus beau sourire. J'adore. Pourvu que nos tribus restent ensemble encore quelques lunes…

Achevé d'imprimer en novembre 2007 par Oberthur Graphique
35000 RENNES – N° Impression : 8145
Imprimé en France